एक साल और गुज़रा

ख़ुद की तलाश में

वर्षा राठी

BookLeaf Publishing
India | USA | UK

Made with ❤ on the BookLeaf Publishing Platform
www.bookleafpub.in
www.bookleafpub.com

Dedication

" यह उन सभी लोगों के नाम,
जो अपना **सफ़र** जारी रखते हैं -
चाहे **रास्ता** कितना ही लंबा हो
या कितनी ही मुश्किलें क्यों न आए।
आपके कदम हमेशा मज़बूत रहें,
दिल हौसले से भरा रहे,
और हर रास्ता आपको
आपकी मंज़िल के और करीब ले जाए।"

Preface

यह पुस्तक उन शब्दों और भावनाओं का संकलन हैं, जिन्हें हम कह नहीं पाते, पर जीते ज़रूर हैं। इस पुस्तक की हर कविता एक छोटे से सफ़र की तरह है - कहीं यादों की धूप है, कहीं उम्मीदों की छाँव, कहीं रास्तों की थकान है, तो कहीं मन की मुस्कान।

इन कविताओं और शायरिओं में आपको अपना अक्स दिखे या न दिखे, पर शायद कुछ शब्द ऐसे मिल जाएँ जो आपके दिल के किसी शांत कोने तक पहुँच जाए।

अगर इस पुस्तक का कोई भी पन्ना आपको रुककर सोचने पर मजबूर करे, या किसी पुरानी भावना को फिर से छू जाए, तो मेरी यह प्रयास सफल होगी।

Acknowledgements

इस पुस्तक के पूरे सफ़र में अनेक लोगों ने मुझे सहारा दिया, प्रेरित किया और विश्वास दिलाया कि शब्दों की इस यात्रा का कोई अर्थ है। सबसे पहले, मैं उन सभी पाठकों का आभार व्यक्त करना चाहती हूँ जिन्होंने मेरी कविताओं को महसूस किया और मुझे लिखते रहने की हिम्मत दी।अपने परिवार और दोस्तों का विशेष धन्यवाद—आपकी समझ, आपका धैर्य और आपका स्नेह इस पुस्तक की नींव रहे। जिन लोगों ने मेरे उलझे हुए शब्दों को संवारने में मदद की, और जिन अनुभवों ने मेरे भीतर कविताएँ जगाईं—मैं आप सभी की दिल से ऋणी हूँ।

यह पुस्तक जितनी मेरी है, उतनी ही उन सभी की है जिन्होंने मेरे रास्ते पर एक छोटी-सी रोशनी भी जलाई।

अस्तित्व

कि मेरा भी एक अस्तित्व है,
मैं भी एक पहचान हूँ ;
माना की ज़िंदगी के कुछ रास्तों से,
कुछ तजुर्बों से अंजान हूँ।

ज़िंदगी के हर मोड़ पर बदलता रहता है इंसान,
परिस्थितियों की मार से जब हो जाती है थकान,
बदलना पड़ता है उसे ख़ुद को,
पहुंचने के लिए एक मुकाम।

अब मत रोको मुझे ढूंढ़ लेने दो वो रास्ता;
ढलते तो दिन और रात भी हैं,
तो मैं भी कैसे रहूं एक सा?

मैं वो नहीं जो तुम कहते हो;
मैं वो हूँ जो मैं बनना चाहता हूँ !

दुनिया की बंदिशों से,
और ख़ुद की कैद से निकलना चाहता हूँ।

चलो आज ऐसा करते हैं

चलो आज ऐसा करते हैं,
क्यों ना खुद को माफ़ करते हैं।
ये जो खुद से शिकायतें हैं,
उन्हें मन से साफ करते हैं।

अगर कोई तुम्हारी ख़ूबसूरती ना देख पाये,
तो खुद को बदसूरत मत समझना।

ये जो तुम्हारा साफ दिल है ना,
उसे थोड़ा सा आराम देते हैं।

उन तमाम लोगों को, जो तुम्हें बिखरा हुआ छोड़ गए,
क्यों ना उन्हें सलाम करते हैं।

चलो आज ऐसा करते हैं,
क्यों ना खुद को माफ़ करते हैं।

आज खुद को देख तो लो

थोड़ा सा वक्त निकाल कर,
आज खुद को देख तो लो;

एक अरसा हुआ मुस्कुराते देखे,
एक पल चैन की साँस तो लो;

कब तक खुद को तकलीफ दोगे?
माफ़ी के हक़दार तुम भी तो हो!

गलतियाँ तो सबसे होती हैं;
उन गलतियों से कुछ सीख तो लो।

थोड़ा संभल तो लो;
थोड़ा पिघल तो लो;

कब तक यूं जलते रहोगे?

थोड़ा खुद में जी तो लो;
थोड़ा खुद पर मर तो लो।

जिस्मों के बाज़ार में

जिस्मों के बाज़ार में रूह बिक रहे हैं!

नीलामी होती है जहां जिस्मों की,
साथ बाज़ार रूह का भी लगता है;
लगती है कीमत जिस्म की;
भावनाओ का मोल कहाँ मिलता है!

फिर चाहे इस बाज़ार के व्यापारी इश्क़ बाज़ हों या फरेबी;
कभी कोई अजनबी या कभी कोई करीबी!
जिस्म के लीबास में,
रूह भी बिकता है!

हजारों मौत मिलती है रूह को;
और जिस्म केवल जलता है!

क्योंकि मैं अलग हूँ

क्योंकि मैं अलग हूँ
तो क्या मैं गलत हूँ?

कोई इतनी सी बात समझ जाए-
कि हर इंसान की बनावट अलग है,
तो सोच कैसे एक जैसी होगी?
कि हर इंसान ख़ुद में नायाब है,
तो उसकी पहचान कैसे एक जैसी होगी?
कि हर इंसान की उड़ान अलग है,
तो उसका सफर कैसे एक जैसा होगा?

सब एक दूसरे को बदलने में लगे हैं;
अगर समझने में लग जाए तो क्या बात है!

बिना टटोले किसी के किरदार को,
एक पल उसके किरदार में उतर जाएं तो क्या बात है!

परिंदा

एक परिंदा हूँ मैं,
टूटे हुए मेरे पंख हैं।

छोटा पिंजरा है;
और ऊंचा आसमान है।

दूर जाना है;
और थकान बेहद है।

मगर ये जो जस्बा है;
यही तो मेरी उड़ान है!
यही तो मेरी उड़ान है!

साफ़ दिलवाले लोग

ये जो साफ़ दिलवाले लोग होते हैं ना,
उन्हें दुनिया अक्सर कमज़ोर समझ लेती है।

उन्हें क्या पता कि ऐसे लोग
बहुत सी चीजों को नज़रंदाज़ करके चलते हैं।

और जब उनका सब्र खत्म होता है,
तो चुप चाप उस महफ़िल से निकल जाते हैं,
जहाँ उनकी कदर नहीं होती।

ये साफ़ दिल वालों को बहुत सारी ठोकरें खा कर,
थोड़ी देर से समझ आता है -
कि ये दुनिया इतनी साफ़ नहीं;
पर कमबख्त हर इंसान को
कीचड़ में खिले हुए कमल की तरह समझ लेते हैं।

जंजीर

कि कोई भी जंजीर नहीं रोक सकती उस उड़ान को,
जो आत्मा से परमात्मा की ओर हो।
कटपुतली बने घूमता है इंसान,
विचारों से अपाहिज़ होकर;
हाड़ और मांस भी नहीं बचता;
जब मिट्टी में मिलता है राख़ बनकर।

फिर किस गुमान में जीता है?
अंत में उसी समशान में जलता है -
जिसमें कोई जात पात या अमीरी गरीबी का भेद नहीं।
रोने वाले भी भूल जातें हैं कुछ वक्त के बाद;
रहता सिर्फ व्यवहार है लोगों के साथ।

कि यही रिवाज़ है दुनिया का -
तुम खुश हो तो क्यों हो;
और
दु:खी हो तो "मुझ से कम हो"!
अरे! दो शब्द प्यार के ही बोल लो;
क्योंकि मरने के बाद ना "मैं" हूँ, ना "तुम" हो।

तुझ जैसा

एक मुद्दत लगा जिसे भुलाने में,
वो कहता है, "हर्ज़ ही क्या है लौट आने में?"

कहता है कि "मैं बदल गया हूँ,
अब प्यार बेशुमार दूंगा"।

उसे कौन समझाए कि -
अब मैं बदल गया हूँ;
खुद से मोहब्बत बेशुमार करूंगा।

तुझ जैसा जब हो गया हूँ,
मुझे तुझ जैसा ही रहने दे।
अब जो पूछते हो मेरा पता,
मुझे लापता ही रहने दे।

कहता है कि - "तुम बदल रहे हो, वक्त नहीं अब तुम्हारे पास"!
उसे कौन समझाए कि -
आख़िर मैं क्यों मसरूफ़ हूं हर पहर के;
या तो वजह ख़ुद से पूछ लेना,
या मुझे मसरूफ़ ही रहने दे।

जलील होने की हद तक

किसी और को जो इतनी मोहब्बत देते हो,
कभी ख़ुद को देते क्यों नहीं?
साथ मांगते हो किसी और का,
कभी ख़ुद के होते क्यों नहीं?

जलील होने की हद तक जो हक़ मांगते हो,
कभी उसपे रोते क्यों नहीं?
एक बार ख़ुद को देख तो लो,
ऐसा क्या है उसमें जो तुझमें नहीं?

मायूस होकर क्या मिला

मायूस होकर क्या मिला ?
किसी का होकर क्या मिला ?
तुम जो सबसे पूरे मिले;
क्या तुम्हें कभी कोई पूरा मिला ?

ठोकर खा कर समझ आया,
खुद से प्यार कितना जरूरी है।
अगर उड़ना है तो याद रखना -
ये ज़माने की नज़र बहुत बुरी है।

प्यार दोस्ती है

बातों के पीछे एक अधूरी सी बात रहती है;
मगर कह नहीं पाते।

दोनों समझते तो हैं;
मगर समझा नहीं पाते।

इंतज़ार दोनों को है;
इज़हार कर नहीं पाते।

छुप छुप कर देखते हैं;
बिना दीदार रह नहीं पाते।

खबर सबको है दोनों के हाल का;
एक चांदनी है तो दूसरा है चांद सा।

कुछ कुछ होता तो है;
कुछ कुछ तो जरूर है प्यार सा।

अब जब तुम मिलो

अब जब तुम मिलो तो तोहफ़े मत लाना,
बस मुझे कस कर गले लगा लेना।
वो जो इतर लगाते हो,
उसकी खुशबू को कुछ दिन सीने से लगाए रखना है।

अब जब मिलो तो घड़ी पहन कर मत आना,
बस थोड़ा सा वक्त लेकर आना।
तुम्हारी घड़ी मुझे सौतन सी लगती है,
बार बार जब मुझे छोड़कर उसे देखते हो।

अब जब मिलो तो मत रोकना ख़ुद को कहने से वो बातें,
जो तुम कहते कहते अक्सर रूक जाया करते हो।
अपने होंटों से उन्हें बस बहने देना,
वो बातें जो तुम अकेले में भी ख़ुद से नहीं करना चाहते।

अब जब मिलो तो बता देना -
मेरे इस शायरी का ज़वाब
इज़हार है ?
या इंकार ?

अगर इंकार है भी, तो,अब जब मिलो,
तुम्हें भूलने की एक दवा लेकर आना।
और अगर इज़हार है, तो, अब जब मिलो,
हमेशा के लिए आना, तुम्हारा इंतज़ार नहीं होता।

मोबाइल फोन के ज़माने में

मोबाइल फोन के ज़माने में
वो चिट्ठियाँ लिखा करता था।
कहता था कि फोन पर की हुई बातें उसे अधूरी लगती हैं!

चिट्ठी पर लिखे शब्दों पर अपना इत्र फेर कर;
अपनी मौजूदगी का एहसास दिलाते रहना चाहता था।

कहता था कि उसकी लिखावट हमेशा इन पन्नों पर कैद हो जाएँगी;
और भूले बिसरे कभी जब
दराज में पड़े पुराने समान के साथ उसकी चिट्ठी निकले,
तो हमारी यादें तरो ताज़ा हो जाएँगी।

कि कोई तो था जो आधुनिक मोहब्बत की कहानियों में
पुराने ज़माने की दास्तान लिखा करता था।

तुम्हें दिल बहलाना था

तुम्हें दिल बहलाना था
और मुझे बर्बाद होना था।

तुम्हारी बातों में अब मैं नहीं आने वाला !
याद है मुझे कैसे सताया था तुमने,
ये जानकर भी कि मुझे तकलीफ़ होती है।
रूआंसा होकर मैं तुमसे पूछता था
कि ऐसा क्या हो गया जो तुम बदल रही हो?
लाख़ पूछने पर जब तुमसे जवाब नहीं मिलता,
तो ख़ुद को सवाल जवाब के कटघरे में रख कर, राख़ कर देता था।

पर मन ही मन मुझे पता था कि ऐसा क्या हुआ है -
अब तुम्हारी दिलचस्पी ख़त्म हो चुकी है !
अब शायद मैं एक नायाब व्यक्तित्व की तरह नहीं जान पड़ता तुम्हे;
जैसे शुरू के कुछ दिनों में तुम कहा करती थी;
और अब जब मैंने ख़ुद के मन को खोल दिया, तो आम हो गया हूँ।

अब पता है मुझे -
तुम्हें तो सिर्फ दिल बहलाना था।

नया "मैं'

मन में तूफ़ान है
और
चेहरे पर मुस्कान लेकर चलना है।

जैसे धीरे धीरे मेरी हस्ती से राख़ उड़ रही है...

मैं वो था या
अब जो हूँ वो हूँ?

शायद ज़रूरी है ये
ख़ुद को तराशने के लिए।
पुराने अस्तित्व को जला कर;
नये अस्तित्व में नया "मैं' बन जाने के लिए।

फिर से कदम

तूफ़ान में जैसे तैरती हुई कश्ती का कोई ठिकाना नहीं होता;
कभी डूब जाती है वो, कभी टूट जाती है वो,
लहरों की थपेड़ों से उसका कोई सहारा नहीं होता।
ठीक उसी तरह मन के उस तूफान का कोई नजारा नहीं होता;
उसे आप नाप नहीं सकते, उसके रुख को भाप नहीं सकते।

लगते हैं लोग बेफिकर से हर तरफ,
अंदर हज़ारों सैलाबों से टकराते हुए;
कभी टूट कर कभी बिखर कर,
खुद की तलाश में धक्के खाते हुए।

कश्ती तो डूब जाती है, मन तैरता रहता है;
अनंत लहरों से टकराता हुआ,
जीने की उम्मीद और मरने की चाह को मिटाता हुआ,
एक एक लम्हे में खुद को सताता हुआ,
कभी खुद से रूठ कर खुद को मनाता हुआ।

गर बच गई कश्ती उस तूफ़ान से तो,
तूफ़ान के बाद के तबाही को समेट कर,
कुछ पल रुक कर फिर से कदम बढ़ाता हुआ।

काश!

काश -
इस एक शब्द में भावनाओं के कितने भार छिपे हुए होते हैं!
है ना?
काश ऐसा होता तो शायद!
काश ये करते तो शायद!
काश ये कहते तो शायद!

काश!!

कितनी सारी आहें निकल जाती हैं उस एक काश में,
बंद पिटारी में ख्वाहिशों का खजाना लिए घूमते हैं,
पर होना तो वही होता है जो तय है!
तो क्यों ना इन दो अक्षरों पर इतना बोझ ना डालकर,
उस पर ध्यान दें जो हमारे हाथ में हैं |

काश का तो कोई अंत नहीं,
और ख्वाहिशें बेहिसाब है,
सही वक़्त पर सब मिलेगा,
अगर सब्र तुम्हारे पास है!
अगर हौसला तुम्हारे साथ है!

दरबदर

भटक रहे हैं दरबदर,
जाने किस तलाश में।

कोई जूझ रहा है मौत से,
कहीं ज़िन्दगी ही मसान है।
तमाम उम्र जल रही है,
हसरतों की दुकान है।

कहानियों में कहानी है,
अरमानों का तमाशा है।

हम दरबदरों का कहाँ कोई ठिकाना है ?
हम दरबदरों का कहाँ कोई सहारा है ?

भटक रहे हैं दरबदर,
जाने किस ओर जाना है !

सफ़र

कितना खूब्सुरत सा शब्द है ना -
सफ़र !

हम सब किसी ना किसी सफ़र में जारी हैं।
कुछ सफ़र खुली आखों से दिखते हैं,
और कुछ हैं जो हमारे अंदर चल रहे होते हैं।

किसी सफ़र की मंज़िल तय होती है,
तो किसी का अंजाम निश्चित होता है।
कभी रास्ते पता होते हैं, और कभी हम खो जाते हैं।

पर पता है सबसे खूबसूरत सा सफ़र कौन सा है?

शायद जिसमें आप खो जाते हो;
और फिर खुद की तलाश में निकल पड़ते हो।
दुनिया की परवा किये बगैर;
आपको अंजाम का डर नहीं होता।

देखा जाये तो हर इनसान तो अकेला ही होता है ना।
बस चलते चलते कभी कोई साथी मिल जाते हैं।

मगर सच तो यही है ना जनाब-
ये जो मन की रास्ते होते हैं,
उन्हें तो आपको अकेले ही तय करने होते हैं।

एक और साल गुज़रा

एक साल और खत्म हुआ;
एक नई शुरुआत की ओर चले कदम।

किसी ने अपने किसी ऐसे शख्स को खोया,
जिसकी कमी कोई और पूरी नहीं कर सकता;
किसी ने अपनी ज़िन्दगी को एक और मौका देने का निर्णय किया;
कहीं किसी ने अपने प्यार के साथ एक बेहतरीन शाम बिताई;
कहीं किसी ने किसी की याद में एक जाम लगाई।

कई रिश्ते छूटे, कई रिश्ते बने;
अपनों ने दिल तोड़ा, अपनों ने संभाला;
रोते हँसते एक साल गुज़ारा।

किसी ने तस्वीरों में कैद यादों को देखा;
किसी ने किसी के इंतज़ार में,
जगती बुझती उम्मीद को दिल से निकला;
ख़ुद को खोया ख़ुद को पाया;
गिरके संभाले, संभल कर गिरे;
हार मानकर हार से जीते।

एक और साल गुज़रा

अब सोचती हूँ क्या खोया क्या पाया?
तजुर्बों की तराजू में एक एक लम्हा भारी था।
लोगों की तोलती हुई नजरों से ख़ुद की पहचान को हटाया;
मंदिर गए, पहाड़ों पे गए, बादलों की दुनिया देखी;
काली सी रात के बाद निकलते हुए सूरज को देखा;
नवीन सृजन का निर्माण देखा;
ढलती हुई शाम देखी।

कांच की तरह बिखरते हुए खुद के जज़्बात देखे;
लोगों के रवईये देखे, बेरुखी देखी;
खुद की बरबादी देखी, खुद का इस्तेमाल देखा;
ख़ुद से मोहब्बत की कोशिश देखी।

फिर लगा कि कब तक?

तो अब निखारना है बस;
दूसरों को मोहब्बत बहुत दे दिया,
खुद को मोहब्बत देना है बस!

www.ingramcontent.com/pod-product-compliance
Lightning Source LLC
Chambersburg PA
CBHW070654240926
51846CB00003BA/910
* 9 7 8 9 3 7 5 1 0 7 7 8 1 *